18 Juin 91. V

Vente des Jeudi 18 et Vendredi 19 Juin 1891

HOTEL DROUOT, SALLE N° 7.

OBJETS D'ART

ET D'AMEUBLEMENT

MONNAIES ET MÉDAILLES

Céramique

TABLEAUX ET DESSINS

GRAVURES

Le tout appartenant à M. D...

EXPOSITION PUBLIQUE

Le Mercredi 17 Juin 1891, de 1 h. 1/2 à 5 h. 1/2

Me PAUL CHEVALLIER, Commissaire-Priseur

10, rue Grange-Batelière, 10

EXPERTS

Pour les médailles :	*Pour les objets d'art :*
MM. ROLLIN et FEUARDENT	M. CHARLES MANNHEIM
4, rue de Louvois.	7, rue Saint-Georges.

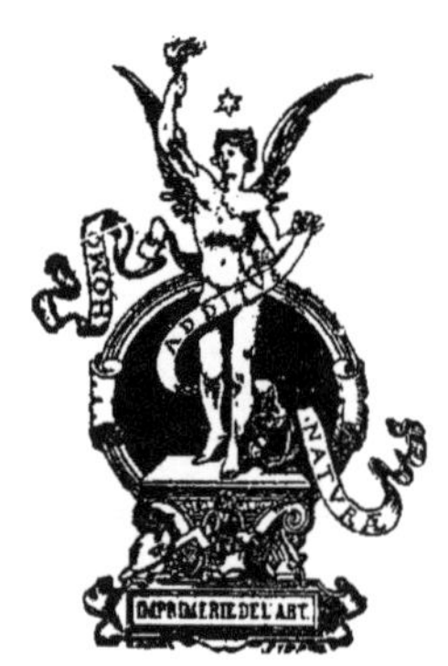
HOMO
NATURÆ
IMPRIMERIE DE L'ART

CATALOGUE

DES

OBJETS D'ART

ET D'AMEUBLEMENT

SCULPTURES — CÉRAMIQUE

Vitraux et Verres — Meubles — Objets variés

ÉTOFFES — DENTELLES

MONNAIES ET MÉDAILLES

TABLEAUX ET DESSINS

Gravures

Le tout appartenant à M. D...

ET DONT LA VENTE AURA LIEU

HOTEL DROUOT, SALLE N° 7

Les Jeudi 18 et Vendredi 19 Juin 1891

à deux heures

COMMISSAIRE-PRISEUR

Me PAUL CHEVALLIER

10, rue de la Grange-Batelière, 10

EXPERTS

Pour les Médailles :	*Pour les Objets d'art :*
MM. ROLLIN et FEUARDENT	**M. Charles MANNHEIM**
4, rue de Louvois, 4	7, rue Saint-Georges, 7

EXPOSITION PUBLIQUE

Le Mercredi 17 Juin 1891, de 1 heure 1/2 à 5 heures 1/2

CONDITIONS DE LA VENTE

Elle sera faite *expressément* au comptant.

Les Acquéreurs payeront CINQ POUR CENT en sus des adjudications, applicables aux frais de la vente.

L'Exposition mettant les acquéreurs à même de se rendre compte de l'état et de la nature des objets, il ne sera admis aucune réclamation une fois l'adjudication prononcée.

Paris. — Imp. de l'Art. E. Ménard et Cie, 41, rue de la Victoire.

DÉSIGNATION DES OBJETS

MÉDAILLES ET MONNAIES

ANTIQUES, DU MOYEN-AGE ET MODERNES

1 — Un très beau didrachme de Tarente. Æ.

2 — *Rome, Tarente, Naples, Vélie*. Didrachmes. 5 pièces. Æ.

3 — Lot de 12 pièces grecques en bronze.

4 — Deniers romains de la République et de l'Empire. 45 pièces. Æ.

5 — Un gros lot de médailles romaines en bronze de toutes les périodes de l'Empire. (Sera divisé.)

6 — *Gauloises, Baiocasses, Namnètes, Atrébates*. 4 pièces d'or.

7 — *Gauloises*. 12 pièces d'argent et de bronze.

8 — *Mérovingiennes. Quentovic*, triens. *Justinien*, triens. Pièce illisible. 3 pièces. Or.

9 — *Mayence. Louis le Débonnaire*. Denier. Pièce rare, malheureusement percée.

10 — *Charles le Chauve, Louis III, Eudes, Charles le Simple, Lothaire* (Dorestadt). Deniers. 11 pièces.

11 — *Hugues Capet, de Beauvais.* (Pièce de la trouvaille.) Deniers et oboles. 10 pièces.

12 — *Louis VI, Louis VII, Philippe II.* Deniers et oboles. 13 pièces.

13 — *Saint Louis.* Gros et deniers tournois. 4 pièces.

14 — *Philippe IV.* Masse d'or. TB.

15 — *Philippe IV, Philippe V* (?) (Gros au lys), *Charles IV.* Gros, demi-gros et deniers, 11 pièces.

16 — *Philippe VI.* Royal d'or. 2 pièces. B.

17 — *Philippe VI.* Écu d'or; masse d'or. 2 pièces. B.

18 — *Philippe VI.* Ange d'or. TB.

19 — *Philippe VI.* Pavillon d'or. B.

20 — *Philippe VI.* Gros d'argent et blanc. 5 pièces.

21 — *Jean le Bon.* Royal d'or. B.

22 — *Jean le Bon.* Blancs et billon. 11 pièces. Un des grands blancs au lys remarquablement conservé.)

23 — *Charles V.* Franc à pied, franc à cheval; 3 pièces. B.

24 — *Charles V.* Blancs au K. 8 pièces.

25 — *Charles VI.* Agnel, écu d'or, demi-écu. 3 pièces.

26 — *Charles VI.* Gros blancs et divisions. 17 pièces.

27 — *Henri V.* Blancs et demi-blanc au léopard. 8 pièces.

28 — *Henri VI.* Un salut d'or, onze gros et un demi-gros. 13 pièces.

29 — *Charles VII.* Royal d'or B., écu d'or B. 2 pièces.

30 — *Charles VII*, *Louis XI* et *Charles VIII.* Blancs, demi-blanc, karolus, etc. 16 pièces.

31 — *Louis XII.* Écu d'or de France au porc-épic ; écu d'or de Bretagne au porc-épic. B. 2 pièces.

32 — *Louis XII.* Blanc au porc-épic, blanc du Dauphiné, refrappe en argent du ducat de Naples. 3 pièces.

33 — *François Ier.* Écu d'or. 2 pièces.

34 — *François Ier.* Cinq testons et un demi-teston. 6 pièces.

35 — *François Ier*, Blanc à F, blanc à la Salamandre, etc. 8 pièces.

36 — *Henri II.* Testons, 7 pièces ; demi-testons, 3 pièces ; blancs, etc., 5 pièces. 15 pièces.

37 — *Charles IX.* Testons, etc. 4 pièces.

38 — *Henri III.* Francs, demi-franc, testons, quart d'écu, huitième d'écu, blancs, etc. 17 pièces.

39 — *Charles X.* Quart d'écu. 2 pièces.

40 — *Henri IV.* Testons, quart d'écu, douzains, etc. 16 pièces.

41 — *Louis XIII.* Double louis d'or. B.

42 — *Louis XIII.* Demi-louis d'or. B. 3 pièces.

43 — *Louis XIII.* Écu blanc. 2 pièces. (Une belle.)

44 — *Louis XIII.* Franc et divisions de l'écu. 7 pièces.

45 — *Louis XIV*. Lys d'or. B.

46 — *Louis XIV*. Louis au type enfantin, louis à la tête juvénile laurée, louis buste vieilli. R. Écu de France. B. 3 pièces.

47 — *Louis XIV*. Écu au buste enfantin (écu et demi-écu). 4 pièces.

48 — *Louis XIV*. Écu du Parlement. 3 pièces variées. Un B.

49 — *Louis XIV*. Type dit aux insignes, écu et demi-écus, 3 pièces.

50 — *Louis XIV*. Type dit aux palmes. Écu et demi-écus. 3 pièces.

51 — *Louis XIV*. Écu aux huit L au centre, trois fleurs de lys, la tête est laurée. Type rare. TB.

52 — *Louis XIV*. Écu aux insignes Navarre et Béarn. Type rare. B.

53 — *Louis XIV*. Demi-écu aux huit L., écus et demi-écus trois couronnes. 12 pièces.

54 — Petites divisions des pièces précédentes. 14 pièces.

55 — *Louis XV*. Louis de Malte, et louis aux lunettes. 2 pièces.

56 — *Louis XV*. Écu vertugadin de Navarre, aux lauriers, au bandeau, à la tête vieille. 7 pièces.

57 — *Louis XV*. Demi-écu, quart d'écu, huitième d'écu au bandeau. (Conservation remarquable.) 3 pièces.

58 — *Louis XV*. Divisions des pièces précédentes et sols en billon. 8 pièces.

59 — *Louis XVI.* Double louis à l'écu carré.

60 — *Louis XVI.* 9 écus aux lauriers, plusieurs beaux demi-écus et quart d'écu. 13 pièces.

61 — *Louis XVI.* Type constitutionnel, demi-écu, 30 sols, 15 sols, écu républicain, 5 francs de l'an VI, Gaule subalpine. 7 pièces.

62 — Lot de monnaies de cuivre de la série précédente, depuis *Charles IX* jusqu'à *Louis XVI.* 47 pièces.

63 — Lot de monnaies de cuivre de la République, etc. 19 pièces.

64 — *Grégoire XIII.* Teston d'argent frappé, à Avignon, par le cardinal de Bourbon, légat. B.

65 — 5 pièces baronnales en argent, Navarre, Dombes, Besançon, Lorraine.

66 — Un lot de pièces bretonnes : Charles de Blois et autres pièces contemporaines. 33 pièces.

67 — Bourgogne et Pays-Bas. Gros et demi-gros, quelques-uns très beaux. 17 pièces.

68 — Baronnales de diverses provinces. Gros, demi-gros, deniers, oboles. 26 pièces.

69 — Pièces d'or étrangères. 8 pièces.

70 — Pièces d'argent étrangères. 12 pièces.

71 — Pièces françaises et étrangères en billon et en cuivre. 55 pièces.

72 — *Charles IX*. Médaille du Sacre. *Louis XVI*. ℟ Liberté assurée. Æ. 2 pièces.

73 — *Louis XIV, Louis XV, Louis XVI, Charles X*, etc. Br. 7 pièces.

74 — *François III de Lorraine. Stanislas, la duchesse d'Orléans, Bignon, Freind*. 5 médailles, par Saint-Urbain.

75 — Deux médailles allemandes émaillées.

76 — Jetons d'argent. 16 pièces.

77 — Jetons de cuivre. (Un grand lot qui sera divisé.)

78 — Un lot de poids monétaires.

79 — Un scarabée en lapis, deux autres en porcelaine, trois pierres gravées et huit pâtes de verre. 14 pièces.

80 — Un lot de pièces fausses. Æ. 5 pièces.

ANTIQUITÉS

81 — Un lot de sceaux. (Sera divisé.)

82 — Un lot de verres français, plusieurs bien irisés; d'autres de formes curieuses, barillet, guttus, œnochoé, etc. (Sera divisé.)

83 — Lot de vases gallo-romains et mérovingiens, en terre noire et rouge et aussi figurines en terre blanche, etc. (Sera divisé.)

84 — Un lot d'objets gallo-romains en bronze. (Sera divisé.)

85 — Divers.

86 — Charte de Charles VIII, touchant le bailliage d'Auxerre; avec sceau et contre-sceau.

---

87 — *Lysimaque*, roi de Thrace. Tétradrachme. Æ.

88 — *Thasos*. Tétradrachme. Æ.

89 — *Rhodes*. Tétradrachme, didrachme et drachme. 4 pièces. Æ.

90 — *Alexandre le Grand*. Tétradrachmes. 3 pièces. Æ.

91 — *Alexandre le Grand*. Drachmes. 5 pièces.

92 — Un lot de petites monnaies grecques. 11 pièces. Argent et bronze

93 — Deniers romains consulaires et impériaux. 9 pièces. Æ.

SCULPTURES

94 — Statuette en bois sculpté : Sainte Anne portant la Vierge. Travail flamand du commencement du XVIe siècle.

95 — Statuette en bois sculpté : Bourgeois debout. Travail flamand de la fin du XVe siècle.

96 — Petit groupe en bois sculpté, avec traces de dorure : Moine debout, chassant le démon du corps d'un personnage agenouillé à ses pieds. XVIe siècle.

97 — Fragment de statuette : Chevalier armé. Fin du XVe siècle.

98 — Statuette-applique en bois doré ; un Évangéliste. XVIIe siècle.

99 — Six statuettes-appliques en chêne sculpté de la même suite : Saints et Saintes sur socles culs-de-lampe. XVIe siècle.

100 — Trois pièces : montant à fruits et chérubins, fragment de haut-relief à trois personnages, en bois sculpté ; haut-relief en bois sculpté, peint et doré : Sainte en prière. XVIe siècle.

101 à 104 — Lot de panneaux de meubles, pendentifs et consoles-appliques de différentes dimensions en bois sculpté des XVe, XVIe et XVIIe siècles et de style : fenestrages, feuillages, têtes humaines, etc.

105 — Huit colonnettes et pilastres en bois sculpté, de diverses époques.

106 — Sept panneaux de coffres en bois sculpté, à serviettes repliées et personnages de diverses époques.

107 — Fragment de stalle en bois sculpté.

108 — Quatre devants de coffres et frises en bois sculpté, à rinceaux et bustes du XVIe siècle et de style.

109 — Six pièces en bois sculpté : portes de meubles et frontons à moulures, cartouches et fleurs.

110 — Trois pièces en bois peint : portes et panneau à fleurs et initiales entrelacées.

111 — TERRE CUITE. Statuette de Bacchante assise. Signée : *Delaville.*

112 — TERRE CUITE. Bas-relief : Urne enflammée et enguirlandée. Fin du XVIIIe siècle.

113 — MARBRE TENDRE BLANC. Deux têtes de cariatides : Homme et Femme formant chapiteaux. XVIIe siècle.

114 — MARBRE BLANC. Deux médaillons ovales : Bustes en bas-relief d'empereurs romains.

115 — PLATRE. Deux médaillons : Buste en bas-relief en blanc sur fond bleu. Signés : *Brachard, 1791.*

PORCELAINES

116 — Petit seau en vieux Chine, famille verte, à fleurs.

117 — Douze assiettes en porcelaine de Chine à fleurs ; bordure bleue.

118 — Deux assiettes en vieux Chine, famille rose, fleurs en couleurs et rosaces en bleu.

119 — Deux coupes libatoires en porcelaine de Chine, décor bleu : Paysages,

120 — Quatre petits bols, dont un couvert, en vieux Chine ; deux à fleurs sur fonds vert et jaune, un à parois ajourés et décor bleu, un à réserves d'oiseaux.

121 — Petit vase ovoïde en vieux Chine, décor bleu de zones parallèles.

122 — Environ dix-huit plaques de revêtement en porcelaine de Chine, à décor bleu : rinceaux et chauve-souris.

123 — Vase à saupoudrer en porcelaine du Japon, décor bleu, rouge et or de fleurs.

124 — Environ quinze pièces en porcelaines de Chine et du Japon : tasses et soucoupes, salières, soucoupes dépareillées.

125 — Biscuit tendre. Deux figurines d'enfants, debout près d'une corbeille de fruits. Signées : X. F.

126 — Biscuit tendre. Trois figurines : Deux Jeunes Femmes debout et Amour sur un bélier.

127 — Six couteaux à manche en vieux Saint-Cloud, à décor de dentelles en bleu.

128 — Six assiettes en porcelaine de Niederviller, à fleurs.

129 — Douze assiettes en porcelaine de Tournay à branches fleuries en bleu.

130 — Environ dix-sept pièces en porcelaines dure et tendre de Sèvres, Chantilly, Saxe, Paris, etc., poêlon, salière, soucoupes, béquille de canne, tasses, socle, chien et sucrier couvert.

131 — Vase obconique couvert, en porcelaine moderne de Sèvres : rinceaux en blanc, sur fond vert pâle.

FAIENCES ET GRÈS

132 — Delft. Assiette à décor bleu et rouge : vase de fleurs et lambrequin. Marque au revers.

133 — Delft. Deux assiettes à fleurs en bleu, vert, jaune et rouge.

134 — Moustiers. Plat long à décor bleu : écusson armorié, bordure de dentelles.

135 — Moustiers. Assiette polychrome : scène de chasse.

136 — Moustiers. Plateau rectangulaire à angles coupés à décor bleu de dentelles.

137 — Moustiers. Deux assiettes à décor bleu : dentelle et double écu d'alliance sur la bordure.

138 — Moustiers. Assiette polychrome : fleurs au centre et au marli.

139 — Marseille. Pot à eau et son plateau à décor de fleurs en camaïeu vert.

140 — Marseille. Deux assiettes, l'une à jeté de fleurettes émaillées carmin ; l'autre à fleurs en rose, jaune et vert.

141 — Rouen. Plat long octogone à décor bleu et rouille : corbeille de fleurs.

142 — Rouen. Plat rond à décor bleu et rouille : corbeille de fleurs.

143 — Rouen. Plateau rond à décor bleu : corbeille de fleurs.

144 — Rouen. Deux plateaux octogones à décor bleu et rouille : corbeille de fleurs.

145 — Rouen. Bannette à huit pans, à décor bleu et lambrequin.

146 — Rouen. Bannette ovale à décor bleu de feuillages.

147 — Rouen. Grand seau obconique à décor bleu de lambrequins.

148 — Rouen. Petit seau obconique à décor bleu, feuillages et lambrequins.

149 — Rouen. Deux bouteilles de décor bleu analogue : lambrequins et guirlandes.

150 — Rouen. Fontaine d'applique à décor polychrome de fleurs et faux godrons.

151 — Rouen. Grand vase à pans et sur piédouche, à décor bleu de lambrequins.

152 — Rouen. Pot à eau à décor polychrome de quadrillés et feuillages.

153 — Rouen. Seau cylindrique à oreilles, décor bleu de lambrequins.

154 — Rouen. Deux assiettes polychromes : décor à la Corne.

155 — Rouen ou Lille. Deux assiettes à décor bleu ; l'une, à rosace centrale ; l'autre, à fleurs au milieu d'une guirlande.

156 — Rouen. Quatre assiettes creuses d'un décor analogue : jetés de branches fleuries, en couleurs.

157 — Rouen. Trois petits plats à bords festonnés, dont deux semblables : fleurs et corbeille de fleurs en couleurs.

158 — Rouen. Quatre petits plateaux à bords festonnés : décor polychrome au Carquois ; deux d'entre eux signés *Gardin*.

159 — Rouen. Deux petits plateaux à bords festonnés : décor polychrome de gerbes de fleurs. Signés P. C. et P. D.

160 — Rouen. Plat long à décor polychrome : fleurettes et quadrillés, avec lambrequin quadrillé au marli.

161 — Rouen. Plateau contenant une salière et deux coquetiers.

162 — Rouen. Plat long à décor bleu : corbeille de fleurs.

163 — Rouen. Deux pièces : écritoire à décor polychrome de fleurs et ustensiles d'écriture et encrier de forme contournée à décor de fleurs.

164 — Strasbourg. Quatre présentoirs à bords lobés, à fleurs en couleurs ou en bleu.

165 à 167 — Strasbourg. Environ dix-huit assiettes à bords contournés ; décor de Chinois et de fleurs ; l'une d'elles de *Hanong*.

168 — Lorraine. Porte-huilier oblong, à décor polychrome : quadrillés et motifs rocaille. Burettes en cristal.

169 — Lorraine. Légumier couvert, à fleurs émaillées carmin.

170 — Lorraine. Quatre assiettes : l'une, ornée d'un paysage en camaïeu rose ; les autres, à jeté de fleurettes bleu et or.

171 — Terre de Lorraine. Statuette émaillée blanc : Paysan debout.

172 — Terre de Lorraine. Statuette émaillée blanc : le Petit Tailleur de pierre.

173 — Faïence française. Cinq saladiers, dont deux à emblèmes révolutionnaires, un au ballon, un autre daté 1823, et le cinquième à décor bleu.

174 — Faïence française. Six pièces : deux corbeilles oblongues, un encrier circulaire, un plat contenant des œufs et deux plats à emblèmes révolutionnaires.

175 à 182 — Faïence française. Environ quatre-vingt-huit assiettes et petits plats, à fleurs ou personnages, de Rouen, Nevers, Niederwiller, etc.

183 — Faïence française. Huit pièces : trois coquetiers,

encrier, botte d'asperges, écuelle couverte, saucière de Sinceny, et figurine.

184 — Cinq pièces en faïence : flambeau, deux salières, porte-huilier et assiette contenant des radis.

185 — Lot de carreaux et de briques en faïence et terre vernissée, dont plusieurs aux armes ou chiffre de Montmorency et de la fabrication rouennaise du XVIe siècle.

186 — FAENZA. Plaque circulaire polychrome : écusson armorié.

187 — SAVONE. Aiguière ornée d'un écusson armorié entouré d'une guirlande.

188 — SAVONE. Plateau rond polychrome : écusson armorié.

189 — FAIENCE ITALIENNE, XVIIIe siècle. Cinq assiettes polychromes avec rehauts de dorure : oiseaux et branches fleuries.

190 — FAIENCE ITALIENNE, XVIIIe siècle. Assiette à décor polychrome rehaussé de dorure. Fleurs au fond et au marli.

191 — PERSE. Neuf carreaux de revêtement, à décor de palmes, rinceaux et entrelacs polychromes.

192 — Deux plats : l'un en terre vernissée jaune, l'autre en faïence hispano-mauresque.

193 — Trois pièces en grès : deux cruches émaillées gris et bleu, théière émaillée gris.

194 — Quatre pièces en grès ou terre vernissée : porte-bouquets, pot à eau, oiseau et petit plateau.

MEUBLES

195 — Coffre en bois sculpté, à deux portes, formé de panneaux à mascarons, fruits et cuirs découpés pour la plupart du XVIe siècle.

196 — Fauteuil Louis XV en bois sculpté, à fleurs, couvert en tapisserie au point.

197 — Sept pièces : fauteuil et six chaises en bois sculpté, couverts en ancien cuir gaufré et peint à fleurs.

198 — Huit pièces : deux fauteuils et six chaises en bois sculpté, couverts en velours rouge.

199 — Deux pièces : tabouret en bois sculpté, couvert en tapisserie au point et petite étagère d'applique, en marqueterie de bois.

200 — Deux chaises en bois sculpté avec croisillon, couvertes en étoffe, à grands ramages.

201 — Quatre escabeaux en bois sculpté : écusson armorié.

202 — Meuble à deux corps fermant à quatre portes et muni d'un tiroir en bois sculpté, avec incrustations de plaques de marbre ; fronton à vase enguirlandé.

203 — Coffre en bois sculpté, orné de panneaux gothiques à rosaces et fenestrages flamboyants.

204 — Petit meuble de style gothique en bois sculpté ouvrant à deux portes : fenestrages et colonnettes d'angle.

205 — Quatre pièces : deux gaines en bois sculpté, à ser-

viettes repliées, et deux socles bas de style Renaissance en chêne sculpté et doré.

206 — Petit meuble à hauteur d'appui de forme contournée, en bois de rose, ouvrant à deux portes; dessus de marbre.

207 — Petit cabinet en bois noir, à neuf tiroirs.

VITRAUX ET VERRES

208 — Trois vitraux anciens, composés de feuilles gothiques.

209 — Petit vitrail rectangulaire en grisaille : la Vierge occupée à filer. XVIe siècle.

210 — Petit vitrail rectangulaire en grisaille : le Christ faisant un miracle. XVIe siècle.

211 — Fragment de vitrail : Tête de femme couronnée. XVIe siècle.

212 — Huit fragments de vitraux circulaires du XVIe siècle : Têtes de femmes, d'enfants, d'évêques, etc.

213 — Quinze fragments de vitraux de diverses époques : fleurs de lis, pendentifs, etc.

214 — Six pièces en verre de Venise incolore ou à filets ; burettes et petits seaux.

215 — Lot de verres incolores,

PENDULES, FERS, OBJETS VARIÉS

216 — Pendule-applique Louis XIV et son socle en marqueterie de cuivre et d'écaille ; garnitures de bronze.

217 — Cartel-applique Louis XV et son socle en bois décoré au vernis à fleurs sur fond vert ; garnitures rocaille en bronze.

218-219 — Cinq petits cadres en bois sculpté de diverses époques.

220 — Épée de ville Régence en fer, ornée d'étoiles dorées.

221 — Lot d'épées, pistolet, fusil à pierre et fragments d'armes.

222 — Petit étui à ciseaux en fer gravé du XVIIe siècle, à devise galante et fleurs.

223 — Lot de flambeaux et bras-appliques en cuivre jaune, bronze argenté, bronze verni, etc.

224 — Lot de petits vases en bronze japonais.

225 — Lot de serrures en fer.

226 — Lot de pièces en fer, cuivre et étain de diverses époques : étuis, ciseaux, casse-noisettes, mouchettes, fragments de meubles, figurines, mascarons, forces, râpe à tabac, lanternes à main, écritoire Empire, buires, lampes, balances romaines, etc.

227 — Lot de petites cuillères des XVIIe et XVIIIe siècles, en cuivre.

228 — Petite horloge de table rectangulaire, à cadran horizontal, en cuivre gravé. xviie siècle.

229 — Cinq pièces : quatre coffrets, un en fer, un autre italien en pâte avec traces de dorure, les autres revêtus de cuir noir des xvie et xviie siècles, et une boîte triangulaire en carton doré.

230 — Lot de fragments de cassettes en pailles de couleurs. Italie. xviie siècle.

231 — Brosse à dessus de bois incrusté de nacre et cuivre. xviie siècle.

232 — Pulvérin en bois incrusté d'os et de nacre. xviie siècle.

233 — Trois coqs de montre en cuivre et argent.

234 — Miniature : Portrait d'homme, dans un cadre de style Louis XVI, en cuivre.

235 — Deux pièces; plaque en verre églomisé: la Vierge et l'Enfant, du xviie siècle, et baiser de paix en émail de Limoges, par Nardon Pénicaud.

236 — Bas-relief en albâtre : le Baptême du Christ. xvie siècle.

237 — Trois planches de graveur en cuivre.

ÉTOFFES ET DENTELLES

238 — Couverture de lutrin en velours rouge ciselé, à palmettes. Italie. xvie siècle.

239 — Sept pièces en velours, soie brochée et soie avec applications, des XVIe et XVIIe siècles : lés, carrés, tapis de table, fragments.

240 — Couvre-lit piqué en satin crème avec broderie et applications en bleu : oiseaux et écureuils.

241 à 244 — Quarante-six bandes, fragments, étoles, manipules et échantillons de velours, soies brochées, broderies au passé, broderies sur toile, applications, etc., des XVIe, XVIIe et XVIIIe siècles.

245 — Quatre bandeaux et lambrequins en drap, avec applications et en satin.

246 — Cinq fragments en tapisserie et tapisserie au point, parmi lesquels un fragment Louis XIV représentant l'été et un portrait d'homme du XVIIe siècle.

247 — Robe chinoise en soie orangée, à décor de dragons en couleur et or.

248 — Neuf carrés en soie prune, à décor de dragons et fleurs en couleurs et or. Travail chinois.

249 — Sept lés en gaze, soie et satin jaune de Chine, à décor de dragons et de motifs simulant des flammes, en couleurs et or.

250 — Lot de galons et franges.

251 à 254 — Quatorze pièces en guipure italienne et toile brodée : sept tapis de table, une écharpe, quatre rideaux et deux carrés.

255 à 258 — Sept pièces en guipure italienne, toile brodée rouge et broderie en filet : encadrements de mouchoirs,

garnitures de poignets, bandes, couvertures de coussins, cols. XVIe et XVIIe siècles.

TABLEAUX ET DESSINS

259 — **Bourguignon** (Attribué à). Combats de cavalerie. Deux pendants.

260 — **Bril** (**Paul**). Paysage boisé avec château sur une montagne.

261 — **Bruandet** (Genre de). Paysage avec torrent.

262 — **Mignard** (École de). Portrait de la Grande Mademoiselle, en robe gris d'argent, brodée d'or.

263 — **Porbus** (Attribué à). Portrait d'une princesse de la Maison de France, riche costume de la fin du XVIe siècle. Cadre en chêne sculpté.

264 — **Varin.** La Mise au tombeau. Curieux tableau signé en toutes lettres : L. Warin.

265 — **Ecole flamande,** XVIe siècle. Portrait de femme, fraise de dentelle, robe noire brodée d'or.

266 — **Ecole hollandaise**. Seigneur tenant un verre de vin. Costume Louis XIII. Cadre ancien en bois sculpté.

267 — **Ecole française**. Portrait de femme. Pastel ovale.

268 — **Ecole française**. Petit paysage avec temple en ruines. Cadre sculpté.

269 — **Ecole moderne**. Deux marines.

270 — **Hals** (?). Portrait présumé de F. Flamand. Dessin à la sanguine.

271 — **Velasquez** (Attribué à). Portrait de l'infante Isabelle. Encre de Chine.

272 — **Ecole française**. Portrait d'une religieuse de l'Hôtel-Dieu de Beauvais. Gouache.

273 — **Ecole française**. Portrait d'homme. Crayon noir.

274 — **Ecole française**. Portrait de femme en costume du premier Empire.

GRAVURES

275 — **Aldegraver**. Portrait de Guillaume, duc de Juliers. Belle épreuve.

276 — Gravure, par Nanteuil : Portrait de F. de Clermont-Tonnerre, évêque de Noyon. Cadre sculpté.

277 — Douze petites pièces, par Moreau. Dans le même cadre.

278 — Deux portraits encadrés.

279 — Grande gravure : le Décaméron, d'après Winterhaller.

280 — Cinq cartons contenant des estampes anciennes des diverses écoles, suites de portraits historiques, pièces de l'école française, eaux-fortes, etc., qui seront vendus séparément et par lots sous ce numéro.

www.ingramcontent.com/pod-product-compliance
Ingram Content Group UK Ltd.
Pitfield, Milton Keynes, MK11 3LW, UK
UKHW020531180726
13839UKWH00005B/2446